BEI GRIN MACHT SICH IHR WISSEN BEZAHLT

Trainingslehre. Krafttraining für einen 18-jährigen Probanden

GRIN

Bibliografische Information der Deutschen Nationalbibliothek:

Die Deutsche Nationalbibliothek verzeichnet diese Publikation in der Deutschen Nationalbibliografie; detaillierte bibliografische Daten sind im Internet über http://dnb.d-nb.de abrufbar.

ISBN: 9783346394682
Dieses Buch ist auch als E-Book erhältlich.

Druck und Bindung: Books on Demand GmbH, Norderstedt Germany
Gedruckt auf säurefreiem Papier aus verantwortungsvollen Quellen

Das vorliegende Werk wurde sorgfältig erarbeitet. Dennoch übernehmen Autoren und Verlag für die Richtigkeit von Angaben, Hinweisen, Links und Ratschlägen sowie eventuelle Druckfehler keine Haftung.

Das Buch bei GRIN: https://www.grin.com/document/1006403

Deutsche Hochschule für

Prävention und Gesundheitsmanagement

Hermann Neuberger Sportschule 3

66123 Saarbrücken

Einsendeaufgabe

Fachmodul: Trainingslehre 1

Studiengang: Bachelor of Arts Fitnessökonomie

Semester: **WS/2017**

Inhaltsverzeichnis

1 Diagnose

Um optimale Voraussetzungen für eine individuelle Trainingsplanung zu schaffen, müssen zuerst anhand eines umfangreichen Eingangsgesprächs, alle relevanten Daten der jeweiligen Person erfasst werden. Hierbei unterscheidet man zwischen allgemeinen Daten (Alter, Geschlecht, etc.) und biometrischen Daten (Blutdruck, Körperfettanteil, etc.). Im weiteren Verlauf des Gesprächs kann man dann auf die geäußerten Trainingsmotive der Person eingehen und den gewünschten Trainingsplan selbstverständlich unter Berücksichtigung der erhobenen Daten erstellen.

1.1 Allgemeine und biometrische Daten

1.1.1 Allgemeine Daten

Tabelle 1: Allgemeine Daten

Alter	18 Jahre (14.07.1999)
Geschlecht	Männlich
Körpergröße	1,75 m
Körpergewicht	73,5 Kg
Trainingsmotive	Möchte mehr Muskelmasse Möchte einen ästhetischeren Körper Möchte mehr Kraft
Berufliche Tätigkeit	Dualer Student im Fitnessstudio
Aktuelle Aktivität	5 mal pro Woche Krafttraining
Trainingsalter	Ca. 2 Jahre
Frühere Aktivität	4 mal pro Woche Fußballtraining in einem Verein, welcher in der Kreisliga vertreten war
Zeitlicher Verfügungsrahmen	6 mal pro Woche/1-2 Stunden am Tag

1.1.2 Biometrische Daten

Die folgenden biometrischen Daten wurden mithilfe einer InBody-Messung an einem In-Body Körperanalysegerät erhoben. Die folgende Tabelle gewährt nun einen übersichtlichen Einblick der relevantesten Daten dieser Messung.

Tabelle 2: Biometrische Daten der Person

Körperfettanteil	10%
Skelettmuskelmasse	37,3 Kg
Muskuläre Dysbalancen	Die Person besitzt laut der InBody-Messung ca. 0,8 Kg weniger Muskulatur am linken Bein

Tabelle 3: Blutdruckwerte der Person

Kategorie	systolisch (mmHg)	diastolisch (mmHg)
optimal	118	77

Tabelle 4: Blutdruckklassifikation der American Heart Association (modifiziert nach Mancia et al., 2013, S. 1286)

Bewertungsstufen	Systolischer Blutdruck	Diastolischer Blutdruck
Normblutdruck (Normotonie)		
optimal	Unter 120 mmHg	Unter 80 mmHg
normal	Unter 130 mmHg	Unter 85 mmHg
hochnormal	130-139 mmHg	85-89 mmHg
Bluthochdruck (arterielle Hypertonie)		
Stufe 1	140-159 mmHg	90-99 mmHg
Stufe 2	160-179 mmHg	100-109 mmHg
Stufe 3	> 180 mmhg	> 110 mmHg

Tabelle 5: Daten des allgemeinen Gesundheitszustandes

Orthopädische Eingriffe	Operation des vorderen Kreuzbandes am linken Bein vor ca. 12 Monaten

Der Gesundheitszustand der Person sieht auf den ersten Blick sehr gut aus und bietet fast ideale Voraussetzungen für eine Trainingsplanung. Die erfasste Dysbalance der

Muskulatur im linken Bein (siehe Tabelle 2) ist höchstwahrscheinlich auf den orthopädischen Eingriff vor ca. 14 Monaten zurückzuführen. Bis auf diese Kleinigkeit weist die Person keine weiteren Einschränkungen vor.

1.2 Krafttestung

1.2.1 Begründung der Auswahl für das Testverfahren

Die Krafttestung spielt sowohl im gesundheitsorientierten als auch im leistungsorientierten Krafttraining eine essentielle Rolle und ist somit als Hilfsinstrument für eine strukturierte Trainingsplanung nicht mehr wegzudenken. Sie hilft vor allem dem Trainer enorm dabei, passende Trainingsgewichte bestimmen zu können und zusätzlich ebenfalls auch dabei, den zukünftigen Trainingsfortschritt besser protokollieren zu können. Dies hat dementsprechend auch eine große Auswirkung auf die Motivation der trainierenden Person und vielen weiteren wichtigen Aspekten.

Aufgrund der vorhanden Trainingserfahrung von über 2 Jahren ist es bei dieser Person zu empfehlen, einen 1-RM-Test durchzuführen, um anschließend dadurch die optimalen Trainingsgewichte ableiten zu können. Hierbei wird die maximal erreichbare dynamisch-konzentrische Kraft für eine Wiederholung gemessen.

1.2.2 Detaillierte Beschreibung des Testablaufs

Nach dem umfangreichen und im besten Falle auch noch motivierendem Eingangsgespräch, muss die Person sich zuerst ausreichend gut aufwärmen. „Wenn Aufwärmmaßnahmen gezielt eingesetzt werden sollen, ist eine differenzierte Auseinandersetzung mit Zielen, Zwecken und Erfordernissen des Aufwärmens erforderlich. Im Rahmen des Aufwärmens spielen Dehn- und Lockerungsübungen eine bedeutende Rolle. Diese Übungen sollen die Beweglichkeit erhöhen und auf diese Weise leistungssteigernd und verletzungsprophylaktisch wirken"(Wiemeyer 2002, S. 54).

Es wird weiterhin zwischen dem allgemeinen und dem speziellen Aufwärmen unterschieden. Um eine optimale Leistungsfähigkeit herstellen zu können, ist es notwendig, sich einer kontinuierlichen Gankörperbeanspruchung auszusetzen. Anschließend sollte man vor der bevorstehenden ersten Übung, die dazu passende Muskulatur gezielt dehnen (Wiemeyer 2002, S.55).

Tabelle 6: Methodischer Ablauf eines Maximalkrafttests zur Ermittlung des 1-RM (Testablaufschema nach Wanjek, 2001, S. 52-54)

1. Schritt	Allgemeines und spezielles Aufwärmen
2. Schritt	Testsätze: 2-1-1 Wdh. (Satzpause: jeweils 3 min.) Intensitätssteigerung um 1 % oder 0,5 % je nach subjektiven Belastungsempfinden.
3. Schritt	Umsetzung des Testergebnisses in die Trainingsplanung

Das Aufwärmprogramm beginnt für unsere Person hier dementsprechend auf dem Laufband. Alternativ könnte man sich hier auch für einen Stepper oder Ruderergometer entscheiden. Die Person soll sich auf dem Laufband ca. 5-15 Minuten bei einer Herzfrequenz von 160 Schlägen pro Minute abzüglich Lebensalter (ZHF=142) aufwärmen. Anschließend wird das Aufwärmprogramm mit dem speziellen Aufwärmen fortgesetzt. Nachdem die Person optimal aufgewärmt ist, folgt der erste Testsatz. Da man beim 1-RM-Test das gewählte Trainingsgewicht nur ein einziges Mal bewältigen sollen könnte, werden mehrere Testsätze ausgeführt, um das optimale Trainingsgewicht ermitteln zu können. Die folgende Abbildung (Tabelle 6) soll dies verdeutlichen.

1.2.3 Testergebnisse

Tabelle 7: Maximalkrafttest (1-RM-Test) - Split-Training Oberkörper

Testübung	1. Testsatz	2. Testsatz	3. Testsatz	4. Testsatz	5. Testsatz
Vorgebeugtes Langhantelrundern	50 Kg	55 Kg	65 Kg	70 Kg	-
Bankdrücken	70 Kg	80 Kg	90 Kg	-	-
Latzug zur Brust am Seilzug	45 Kg	55 Kg	60 Kg	-	-
Schrägbankdrücken	50 Kg	55 Kg	60 Kg	65 Kg	-
Butterfly Reverse	35 Kg	45 Kg	55 Kg	-	-
Butterfly	55 Kg	70 Kg	-	-	-
Schulterdrücken mit Kurzhanteln	20 Kg pro Seite	25 Kg pro Seite	27,5 Kg pro Seite	30 Kg pro Seite	-
Dips an der Maschine	55 Kg	75 Kg	95 Kg	100Kg	110 Kg
Bizeps Scottcurl	20 Kg	25 Kg	35Kg	-	-

1.2.4 Schlussfolgerung der erfassten Daten des Krafttests

Die ermittelten Daten werden nun sowohl dem Trainer als auch der trainierenden Person weiterhelfen. Die Person kann nun beispielsweise nach einem Makrozyklus erkennen, wo sie stärker geworden ist und wo es eventuell noch mehr Verbesserungspotenzial gibt. Dadurch steigert sich die Motivation und der Drang, regelmäßig trainieren zu gehen.

Der Trainer wiederum kann die Daten des Maximalkrafttests nun sehr gut für die weitere Trainingsplanung verwenden, damit die Person auch in einer angemessenen Belastungs-intensität trainiert. Er kann die Person ebenfalls nun auch anhand seines Trainingsalters in eine bestimmte Leistungsstufe einteilen, was die folgende Tabelle verdeutlichen soll.

Tabelle 8: Grobraster zur Trainingsplanung nach der ILB-Methode (BSA/DHFPG)

Leistungsstufe	Zeitstufe (Monate)	Orga.-Form	Einheiten/ Woche	Übungen/ Muskel	Sätze/ Übung	Intensität In % ILB
Orientierungsstufe	0-1,5	GK	2	1-2	1-2	Gering
Beginner	1,5-6	GK	2	1-2	1-2	50-70%
Geübter	6-12	GK	2-3	1-2	2	60-80%
Fortgeschrittener	>12	GK/Split	3-4	1-3	2-3	70-90%
Leistungstrainie-ren-der	>36	GK/Split	3-6	1-4	2-4	80-100%

2 Zielsetzung und Prognose

Im vorherigen Eingangsgespräch wurden bereits ein paar Trainingsmotive und Wünsche der Person geäußert. Diese werden nun in realistische Ziele umgewandelt. Die Person nannte bereits, dass sie mehr Muskelmasse aufbauen möchte und zudem stärker werden möchte. Durch die vorhandene Dysbalance in der Beinmuskulatur wurde außerdem in Rücksprache mit der Person ein weiteres drittes Ziel gesetzt (Siehe Tabelle 9).

Tabelle 9: Generierte Zieldarstellung

Inhalt	Ausmaß	Zeit
Steigerung der Skelettmuskulatur	2-3 Kg	~ 6 Monate
Steigerung der Kraft	20-30 %	~ 6 Monate
Regulierung der Dysbalance	+ 0,8 Kg Muskulatur im linken Bein	~ 2 Monate

2.1 Begründung der generierten Ziele

Das Ziel der Steigerung der Skelettmuskulatur sowie die Steigerung der Kraft wurden langfristig eingeplant und somit wird die Person sich den gesamten Makrozyklus auf diese genannten Ziele fokussieren. Dementsprechend hat die Person hier ca. 6 Monate lang Zeit, die angegebenen Ausmaße der jeweiligen Ziele zu erreichen. Das dritte Ziel gilt es als erstes zu behandeln, damit sich das Verletzungsrisiko vermindert und keine weiteren Dysbalancen entstehen können. Diese Regulierung der Dysbalance wird dann hauptsächlich durch isolaterales Beintraining realisiert.

3 Trainingsplanung Makrozyklus

Ein Makrozyklus ist eine langfristige Trainingsplanung, welche in der Regel sechs Monate lang eingeplant wird. Er wird in mehreren Meso- und Mikrozyklen unterteilt. Das hauptsächliche Ziel von einem Makrozyklus ist die Verbesserung der sportlichen Leistungsfähigkeit (Schnabel et al., 1997, S.323).

Tabelle 10: Makrozyklusplanung für die gegebene Person

	Mesozyklus 1	Mesozyklus 2	Mesozyklus 3	Mesozyklus 4
Zyklusdauer	4 Wochen	8 Wochen	8 Wochen	6 Wochen
Spezifisches Trainings-ziel	Kraftausdauer	Hypertrophie extensiv	Hypertrophie intensiv	Maximalkraft
Organisationsform	GK	Split OK/UK	Split OK/UK	GK
Einheiten/Woche	3	4	4	2
Übungen/Muskel-gruppe	1-2	2	2-3	1
Sätze/Übung	3	3	3	5
Wiederholungen	20	8-12	6-8	3-5
Satzpausen	45 Sekunden	60 Sekunden	90 Sekunden	3 Minuten
Intensität	50% vom 1-RM	60% vom 1-RM	80% vom 1-RM	90% vom 1-RM
Bewegungstempo	2/0/2	2/0/2	3/0/1	2/0/-

3.1 Begründung der Wahl der übergeordneten Trainingsmethoden

Da die Person bisher ca. 2 Jahre ohne wirkliche Trainingsplanung trainiert hat, hat sie sich laut eigenen Aussagen während des Eingangsgesprächs, hauptsächlich überwiegend im Hypertrophie-Bereich aufgehalten. Aus diesem und weiteren Gründen beginnt der erste Mesozyklus im Kraftausdauer-Bereich. Ein weiterer Grund für die Einführung des Kraftausdauertrainings für die vorhandene Person wäre zum Beispiel die Verbesserung der anaerob-laktaziden Kapazität der Muskulatur. Von diesen positiven Effekten profitiert die Person dann in den nächsten Mesozyklen.

Der zweite Zyklus findet mit einer Dauer von 8 Wochen im Bereich der extensiven Hypertrophie statt. Hierbei wird die Wiederholungsanzahl der jeweiligen Übungen vermindert und eine höhere Intensität gewählt, um gezielt einen Zuwachs der Muskulatur zu erzwingen. Außerdem gilt es in dieser Phase primär vor allem, die bestehende Dysbalance der Beinmuskulatur zu beheben.

Anschließend folgt dann der nächste Zyklus ebenfalls mit einer Dauer von 8 Wochen. Hier wird dann im intensiven Hypertrophie-Bereich trainiert um zum Einen, einen Kraftzuwachs zu erlangen und zum Anderen weiterhin den Muskelzuwachs zu erzwingen. Des Weiteren wird hierbei die Wiederholungsanzahl pro Satz erneut reduziert, um sich schon mal auf den Maximalkraft-Zyklus vorzubereiten.

Der letzte Mesozyklus der Makrozyklusplanung wird im Maximalkraft-Bereich trainiert. Dadurch soll die Person hauptsächlich einen Kraftzuwachs erlangen können. Somit werden alle gesetzten Ziele der Person anvisiert und realisiert werden können.

3.2 Begründung der Belastungsparameter

3.2.1 Begründung der Belastungshäufigkeit

Die Person setzt den gesamten Makrozyklus lang bis auf den ersten Mesozyklus zwei mal pro Woche einen Reiz für die jeweilige Muskulatur. Da der Proband durch seine ca. zweijährige Trainingserfahrung bereits als ein Fortgeschrittener eingestuft werden kann, wird empfohlen, mindestens drei Trainingseinheiten in Form eines Ganzkörpertrainings oder vier in Form eines Split-Trainings zu absolvieren (Candow und Burke, 2007; McLester et al., 2000; Rhea et al., 2003).

3.2.2 Begründung der Anzahl der Übungen pro Muskelgruppe

Im Mesozyklus des Kraftausdauer-Bereichs sind es je nach Belastungsempfindung 1-2 Übungen pro Muskelgruppe. Drei Übungen pro Muskelgruppe wären eindeutig zu viel, da die Person ohnehin schon mit drei Sätzen und jeweils 20 Wiederholungen genug Volumen hat.

3.2.3 Begründung der Anzahl der Sätze pro Übung

(Fröhlich et al., 2010). Rhea et al. (2002, 2003) geben als eine optimale Satzanzahl für Trainierte 3-4 Sätze und für Untrainierte 1–3 Sätze an. Da die Person voll belastbar und fortgeschritten ist, wurden dementsprechend über den gesamten Makrozyklus lang mindestens 3 Sätze festgelegt. Beim letzten Zyklus der Maximalkraft wurden fünf Sätze eingeplant, da dort die Wiederholungsanzahl mit ebenfalls fünf sehr gering und die Intensität sehr hoch ist.

3.2.4 Begründung der Belastungsdauer

Die Belastungsdauer oder auch time under tension genannt, ist bei dieser Person anfangs auf das 2/0/2 Muster festgelegt worden. Insgesamt sollte dann eine Wiederholung vier Sekunden lang dauern. Dadurch erreicht die Person im ersten Zyklus immer den Kraftausdauer- Bereich bei 20 Wiederholungen und im zweiten Zyklus ebenfalls. Bei den letzten zwei Zyklen weicht die time under tension dann jeweils ab. Im intensiven

Hypertrophie-Bereich vermindert sich die Zeit der konzentrischen Phase um eine Sekunde und die exzentrische Phase verlängert sich um eine Sekunde. Dadurch nähert man sich dem Maximalkrafttraining und steigert zugleich seine Explosivkraft. Zudem entstehen dadurch auch neue Reize in der Muskulatur.

3.2.5 Begründung der Belastungsdichte

Die Satzpausen ändern sich in diesem Makrozyklus mit der jeweiligen Intensität. Laut (Güllich und Schmidtbleicher, 1999) zieht eine hohe Wiederholungszahl mit einer leichten Intensität auch eine kürzere Pausenzeit nach sich. Je höher die Intensität also desto länger die Pausenzeit und dieses Prinzip wurde den gesamten Makrozyklus lang beibehalten.

3.2.6 Begründung der Intensität

Die Intensität in diesem Makrozyklus ist linear steigend und richtet sich nach der ILB-Methode. Hier wird anhand des Maximalkrafttests immer jeweils die richtige Intensität passend zum jeweiligen Mesozyklus ermittelt.

3.2.7 Begründung der Organisationsform

Die Person startet zu Beginn mit einem Ganzkörperplan im Kraftausdauerbereich und setzt somit drei mal pro Woche einen Reiz für die jeweilige Muskulatur Anschließend wird nach vier Wochen mit einem Oberkörper/Unterkörper-Split gestartet, da man den Probanden mittlerweile wie bereits schon erwähnt, als einen Fortgeschrittenen einstufen kann. Zudem kann die Person die unterteilten Körperabschnitte mit mehr Volumen und Intensität trainieren als beim Ganzkörperplan. Abschließend wurden nur zwei Einheiten pro Woche eingeplant, da ein Maximalkrafttraining sehr viele koordinative Fähigkeiten verlangt und außerdem das zentrale Nervensystem stark belastet wird. Somit hat der Körper genügend Zeit sich zu erholen.

3.2.8 Begründung der Periodisierung

Die Periodisierungsform in diesem Makrozyklus basiert auf der sogenannten linearen Periodisierung. Dies ist dadurch zu erkennen, dass sich die Wiederholungszahl von Zyklus zu Zyklus immer weiter verringert und die Intensität sich konstant steigert.

4   Trainingsplanung Mesozyklus

Tabelle 11: Mesozyklus Kraftausdauer

Zyklusdauer	4 Wochen
Spezifisches Trainingsziel	Kraftausdauertraining
Trainingseinheiten pro Woche	3
Organisationsform	Ganzkörpertraining
Übungen pro Muskelgruppe	1-2
Leistungsstufe	Fortgeschrittener
Sätze pro Übung	3
Satzpausen	45 Sekunden
Wiederholungszahl	20
Bewegungstempo	2/0/2

Tabelle 12: Mesozyklusplanung

Übungen	Wiederholungen	Sätze	Satzpausen
Isolaterale Bein-presse	20	3	45 Sekunden
Isolateraler Beinbeuger sitzend	20	2	45 Sekunden
Latzug zur Brust am Kabelturm	20	3	45 Sekunden
Rudern mit engem Griff am Kabelturm	20	2	45 Sekunden
Bankdrücken an der Multipresse	20	3	45 Sekunden
Butterfly	20	2	45 Sekunden
Schulterdrücken am Gerät	20	3	45 Sekunden
Crunches am Gerät	20	3	30 Sekunden

4.1   Begründung der Übungsauswahl

4.1.1   Isolaterale Beinpresse

Die erste Übung in diesem Mesozyklus ist die isolaterale Beinpresse. Dadurch, dass bei dieser Übung sehr viele Muskeln aktiviert werden müssen und es durch den isolateralen Aspekt auch noch eine gewisse koordinative Beanspruchung vorliegt, muss diese Übung auf alle Fälle als Erstes gemacht werden. Außerdem soll diese Übung hauptsächlich auch die vorhandene Dysbalance des Probanden ausgleichen. Zum größten Teil wird die Dysbalance jedoch im zweiten Mesozyklus ausgeglichen, da man primär im Hypertrophiebereich einen Dickenzuwachs der Muskulatur erreicht.

4.1.2   Isolateraler Beinbeuger sitzend

Als zweite Übung wurde der isolaterale Beinbeuger im Sitzen festgelegt. Diese Übung soll nochmals zusätzlich zur Beinpresse gemacht werden, da die Person höchstwahrscheinlich durch die Kreuzband-OP ein starkes Defizit im Beinbizeps vorweist. Durch den isolateralen Aspekt wird auch hier ein wenig Koordination verlangt.

4.1.3   Latzug zur Brust am Kabelturm

Die nächste Übung wurde hauptsächlich zur Kräftigung der Rücken-, hinteren Schulter-, und Armbeugemuskulatur ausgewählt. Hierbei wurde beabsichtigt die Variante zur Brust gewählt, da bei der anderen Variante in den Nacken das Verletzungsrisiko aufgrund von fehlender Mobilität zu hoch wäre.

4.1.4   Rudern mit engem Griff am Kabelturm

Beim Rudern mit engem Griff am Kabelturm wird nun der Fokus verstärkt auf den Trapezmuskel gesetzt. Außerdem wird bei dieser Übung auch der hintere Anteil der Schultermuskulatur trainiert und stabilisierend arbeiten hier die autochthone Rückenmuskulatur sowie der komplette Rumpfbereich.

4.1.5   Bankdrücken an der Multipresse

Nach dem die Person nun mit zwei zugbelastenden Übungen die Rückenmuskulatur ausreichend gut beansprucht hat, beginnt sie mit der ersten Brustübung. Diese wird anfangs an der Multipresse ausgeführt um einer größeren koordinativen Belastung zu entgehen. Außerdem kann sich der Proband hier optimal zuerst auf die Übungsausführung konzentrieren, welche im späteren Verlauf des Makrozyklus fehlerfrei funktionieren sollte.

4.1.6 Butterfly

Bei dieser Übung handelt es sich eher um eine „fliegende" Bewegung für die bereits beanspruchte Brust. Diese Übung wurde zusätzlich noch festgelegt, damit der Proband zum Einen nochmals neue Reize für die Brustmuskulatur setzt und zum Anderen noch mehr Volumen für die bereits genannte Muskulatur aufbringt.

4.1.7 Schulterdrücken am Gerät

Da beim Trainieren der Brustmuskulatur, immer auch ein wenig die Schultermuskulatur beteiligt ist, ist es sehr sinnvoll nun anschließend die Schultermuskulatur zu beanspruchen. Hierbei hat man sich für das Schulterdrücken am Gerät entschieden, da diese Übung gleichzeitig den vorderen und mittleren Anteil der Schultermuskulatur beansprucht.

4.1.8 Crunches am Gerät

Zu guter Letzt wird nun nochmal die Bauchmuskulatur der Person isoliert und gezielt trainiert. Bei dieser Übungsvariante wird primär der gerade Bauchmuskel intensiv beansprucht. Dies sorgt langfristig dann für eine bessere Rumpfstabilisität, welche besonders im späteren Verlauf der Makrozyklusplanung eine wichtige Rolle bei schweren Übungen wie zum Beispiel bei den Kniebeugen, spielen.

5   Literaturrecherche

5.1   1. Studie

Studie	Krafttraining an konventionellen bzw. oszillierenden Geräten und Wirbelsäulengymnastik in der Prävention der Osteoporose bei postmenopausalen Frauen
Autoren	M. Siegrist, C. lammel, D. Jeschke
Jahr	2006
Versuchspersonen	69 osteopenische postmenopausale Frauen
Versuchsaufbau	In dieser Studie wurden diverse Trainingsprogramme an 69 verschiedenen osteopenischen postmenopausalen Frauen angewendet und getestet, um eventuelle positive Adaptionen der Knochen, Muskelkraft und weiteren nebensächlicheren Aspekten zu untersuchen. Die Frauen wurden dafür in drei unterschiedlichen Gruppen aufgeteilt. Die erste Gruppe nahm zwei mal pro Woche an einer Wirbelsäulengymnastik teil. Die zweite Gruppe führte zusätzlich zur Wirbelsäulengymnastik noch 2 mal pro Woche relativ intensives Krafttraining durch. Die letzte Gruppe trainierte zusätzlich noch nur ausschließlich an vibrierenden Trainingsgeräten.
Schlussfolgerung	Die Gruppe, die Kraftsport durchführte, profitierte danach von einer Vergrößerung der Knochenfläche am Oberschenkelhals. Die Wirbelsäulengymnastik-Gruppe bekam einen Zuwachs der Beinkraft. Außerdem verbesserten sich das Wohlbefinden und die zuvor vorhandenen Schmerzen am besten bei dieser Gruppe.

	Die Gruppe des Vibrationstrainings profitierte hauptsächlich nur von einem Kraftzuwachs. Positive Adaptionen der Knochenstruktur sind also anhand dieser Studie nur durch das Krafttraining zustande gekommen.

5.2 2. Studie

Studie	Verbesserung der Funktionskapazität, der Schmerzhaftigkeit und der Leistungsfähigkeit bei Patienten mit Osteoporose durch ein spezielles Sportrehabilitationstraining
Autoren	H. Franck, W. Hohmann
Jahr	2001
Versuchspersonen	442 Patienten (Darunter 374 Frauen und 68 Männer)
Versuchsaufbau	Die Funktionskapazität wurde vor und nach einem 4-wöchigen Sportrehabilitationstrainings getestet.
Schlussfolgerung	Die Patienten verbesserten sich nach dem Sportrehabilitationstraining in verschiedenen Aspekten. Ein Aspekt davon war die Ergometriezeit, welche sich von 8,3 ± 1,9 min auf 9,2 ± 2,0 min verlängerte. Ein weiterer Aspekt war der steigende Energieaufwand, welcher sich von 190,6 ± 63 auf 225 ± 73 KJ verbesserte. Die Patienten kamen also erst nach diesem Sportrehabilitationstraining auf ihr altersentsprechendes Leistungsniveau.

6   Literaturverzeichnis

Wiemeyer, Josef: Dehnen - eine sinnvolle Vorbereitungsmaßnahme im Sport? 2002. Als Download: http://circuit-training-dehnen-dr-klee.de/dokumente/Wiemeyer_2002.pdf (Zugriff: 23.05.2018)

Schnabel, G., Harre, D. & Barde, A. (Hrsg.). (1997). Trainingswissenschaft. Leistung – Training - Wettkampf. Die Studienausgabe: SVB Sportverlag Berlin GmbH.

Wanjek, M. (2001). Entwicklung und Überprüfung eines Verfahrens zur Ermittlung des Ein-Wiederholungs-Maximums (EVM) an der beidbeinigen horizontalen Beinpresse. Unveröffentlichte Diplomarbeit., Universität des Saarlandes. Saarbrücken.

Candow D.G., Burke D.G. (2007): Effect of short-term equal-volume resistance training with different workout frequency on muscle mass and strength in untrained men and women. J. Strength Cond. Res. 21: 204–207.
Fröhlich M., Emrich E., Schmidtbleicher D. (2010): Outcome effects of single-set versus multiple-set training – an advanced replication study. Res. Sports Med. 18: 157–175.

Güllich, A. & Schmidtbleicher, D. (1999). *Struktur der Kraftfähigkeiten und ihrer Trainingsmethoden.* Deutsche Zeitschrift für Sportmedizin, 50 (7/8), 223-234.

M. Siegrist, C. lammel, D. Jeschke: Krafttraining an konventionellen bzw. oszillierenden Geräten und Wirbelsäulengymnastik in der Prävention der Osteoporose bei postmenopausalen Frauen 2006. Als Download: https://www.germanjournalsportsmedicine.com/fileadmin/content/archiv2006/heft07_08/182-188.pdf (Zugriff: 31.05.2018)

H. Franck, W. Hohmann: Verbesserung der Funktionskapazität, der Schmerzhaftigkeit und der Leistungsfähigkeit bei Patienten mit Osteoporose durch ein spezielles Sportrehabilitationstraining 2001. Als Download: https://www.germanjournalsportsmedicine.com/fileadmin/content/archiv2001/heft02/a03_0202.pdf (Zugriff: 31.05.2018)

7 Abbildungs- und Tabellenverzeichnis

7.1 Tabellenverzeichnis